Habib Bouazza Abid
habib bouazza abid

Les sourires du l âme

Habib Bouazza Abid
habib bouazza abid

Les sourires du l âme

de tout cœur

Éditions Muse

Cover image: www.ingimage.com

Publisher:
Éditions Muse
is a trademark of
Dodo Books Indian Ocean Ltd., member of the OmniScriptum S.R.L Publishing group
str. A.Russo 15, of. 61, Chisinau-2068, Republic of Moldova Europe
Printed at: see last page
ISBN: 978-620-2-29946-6

un jour te quittera ta beauté
et tu vas te trouver seule
alors restes toujours à mes cotés
si vraiment ton cœur fus fidèle

Des avis

*celui qui ne peut pas lire

Les phrases de fidélité

Ne peut jamais subir

Les règles de la dignité

*celui qui ne peut pas voir

Les larmes de l'innocence

Ne peut jamais recevoir

La réussite dans le sens

*celui qui ne peut pas remplir

Son bidon avec de l'ancre

Ne peut jamais dormir

Et remplir son ventre

*celui qui ne peut pas tuer

La haine dans son âme

Ne peut jamais se situer

Un jour dans le cœur de sa femme

*celui qi ne peut pas répondre

Aux questions sur le champ

Ne peut jamais attendre

La robe verte de printemps

*celui qui ne peut pas dire

Des mots clairs sur nos mains

Ne peut jamais cueillir

La joie ou demain

*celui qui ne peut pas arranger

Ces livres dans son esprit

Ne peut jamais changer

Ses douleurs contre les cris

*celui qui ne peut pas venir

Du loin vers les belles plages

Ne peut jamais finir

Son livre et ces derniers pages

*celui qui ne peut pas dessiner

Son avenir avec solitude

Ne peut jamais dominer

Son chemin avec certitude

*celui qui ne peut pas ramasser

Des bois pour son château

Ne peut jamais effacer

Les ennuis et le mal plutôt

*celui qui ne peut pas oublier

L'erreur fatale

Ne peut jamais plier

Un jour son visage pal

*celui qui ne peut pas tenir

Le navire par son crochet

ne peut jamais prévenir

Son âme du don gâché

*celui qui ne peut pas annuler

Les de ces rapports

Ne peut jamais reculer

Devant le danger fort

*celui qui ne peut pas utiliser

Plusieurs manières et façons

Ne peut jamais briser

L'obstacle dur et menaçant

*celui qui ne peut pas sauter

Vers les places acceptées

Ne peut jamais un jour voter

Sur le type qui veut la vérité

*celui qui n'a jamais nager

Des fois dans l'oued

Ne peut jamais engager

Pour nous trouver des remèdes

*celui qui ne peut pas voler

Dans l'air comme un ange

Ne peut jamais coller

Ses marches avec le destin orange

*celui qui ne peut pas

Écrire juste des ligne sur l'amour

Ne peut jamais vivre

Heureux pour toujours

*celui qui ne peut pas mourir

Un jour comme un brave

Ne peut jamais nourrir

Les pauvres dans le cas graves

*celui qui ne peut pas donné

A ses enfants des conseils

Ne peut jamais abandonner

Le désordre rapports feuille

*celui qui ne peut pas sauver

Les faibles et vient aux secours

Ne peut jamais devenir son cœur échauffé

par les sentiments d'amour

*celui qui ne peut pas bâtir une classe

Et faire apprendre les langues

Ne peut jamais avoir une surface

Pour indique une vie très longue

*celui qui n'a pas de méthode

Dans les façons de réfléchir

Ne retrouvera jamais les codes

Afin d'envelopper son avenir

*celui qui ne peut pas connaitre

Les arguments de son futur

Ne peut jamais avoir une lettre

Sur son souhait clair et pure

*celui qui ne peut pas bâtir

Des nits pour les oiseaux

Ne peut jamais devenir

Un grand homme avec un réseau

*celui qui ne peut pas appeler

Les noms de la sagesse

Ne peut avoir un délai

Pour achever sa noblesse

*celui qui ne peut pas partir

Loin voir les surprises

Ne peut jamais tenir

Sa barre contre les crises

*celui qui ne peut pas publier

Ses poèmes comme un livre

Ne peut jamais multiplier

Sa chance pour survivre

*celui qui ne peut pas diriger

Les jurés vers la gloire

Ne peut jamais exiger

Un den pour obtenir une victoire

*celui qui ne peut pas partager

Ses biens avec les autres

Ne peut jamais nager

contre le courant et devient le notre

B EN REGARDONS TES YEUX

@ en regardons tes yeux
protégés par ton front brillons
et de ton sourire fort
qui résiste contre le vent
contre l oublie
contre l ignorance
tout ça m a fais pensé
aux grand univers
et aux vaste pacifique

@ en regardons tes yeux
à la veuille de noël
près d un joli sapin
plein de jolies bougies
pour éclairer nos nuits
et aussi nos rêves
et plein de jouets
pour les enfants des voisins
et pour l image du l automne

@ en regardons tes yeux
qui ressemblent tellement
aux feuilles du pommier
entre eux des pommes rouges
et entre tes yeux tes joues
qui ressemblent aussi
aux jolies pommes
là ma chère
j ai souhaité être un papillon
pour m approcher de toi
en silence et sans bruit
sans vacarme géant
sans attirer l intention partout
des jaloux qui sont partout
et pour m accrocher
à la branche
qui prend soins de toi
et veuille sur ta beauté
sans se peinte
sans dire un mot
et sans arrêts

@ en regardons tes yeux
je sens qu ils sont là
toujours et pour toujours
près de moi
il y a longtemps
et pour longtemps
ils guettent mes pat timides
avec amour et inquiétude

@ en regardons tes yeux
qui présentent des repaires
de la vie heureuse
et qui indique les vrais buts
et le meilleures voies
et le bonheur achevé

@ en regardons tes yeux
qui sont comme des braises
d un feu généreux
il nous réchauffe les cœurs
pendons les moment de la solitude
C .....et pour quoi

@ pour quoi cette guerre
pour quoi cacher le visage orillon
et montrons le visage pale
pour quoi cette peur
ce malheur
ce bonheur dans le sens contraire
pour quoi ces douleurs
avec un chiffre majuscule
et cette compétence minuscule
et pour quoi ce grand nombre
des fautes et des erreurs
et ces mauvaises stations
dans g histoire humaine
et ces rides
dans notre mémoire
et pour quoi ces metteures du mal
et ces récepteurs des drames
....
pour quoi ce pousse
qui brûle et là
les fleurs et les roses
et non pas la paume
qui donne du pain
aux ventres affamées
et pour quoi ces bras qui annulent

les bonnes surprises
et ces créations de la souffrance
et les négatives conséquences
pour quoi on recule devon la joie
et on fonce vers l inconnu
pour quoi ces cries des blessés
part tout là ou tu vas
et pour ces larmes tristes
des orphelins et les veuves

....
@ pour quoi on sépare les couples
des braves hommes
qui sautent dans les bras de la solitude
et pour quoi la belle se jette
dans le seins de la stupidité
et l inquiétude
pour quoi on met fin
à la vie tranquille et calme
pour quoi on abandonne les promesses
t on exécute les menaces
pour quoi on creuse les tombes
et on annule de bâtir des maison
et ses toit comme abris
aux nécessiteux
pour quoi cette invitation
des corbeaux
et pour quoi cette négligence des pigeons

pour quoi cette chasse des citoyens
de leurs maisons st leurs souvenirs
et on les occupons par des font-home

....

@ pour quoi cette absence

de toutes les couleurs
sauf la couleur du sang
pour quoi ce refrain
des armes de la tristesse
qui sont là pour rien
ils sont pour ce phénomèneunitil
depuis le début
pour quoi on tir sur les musés
sur les décords
sur les écoles

sur le silence
pour quoi on tire dans touts les sens
sans être convaincus
et sans savoir pour quoi
pour quoi ce mot qui dit
--qui tue qui --
....
pour quoi cette reforme
des discours
pour quoi ces dangers
et ces iodasses insensées
pour quoi on casse
la branche de paie
avec un malheureux épais
pour quoi ce cas grave
avec des troubles paragraphes
pour quoi toutes ces mensonges
sur la timide liberté
pour faire tuer
l espoir et l horison
sur la table de l élève
dans chaque classe
pour quoi faire pleurer
le fleuve et le jardin
et l oiseau chanteur
et les chardons amuson

....

@ pour quoi on a suffisamment le temps
de démolir et détruire
et on a même pas une seconde
pour réfléchir avons d agir
pour quoi on pousse le monde
tout le monde
vers la misère vers enfer
et la tragédie et le incendies
pour quoi en donne pas
un grand appelle à la sagesse
quand on a vraiment besoin
pour quoi supprimer les s.o.s
pour quoi on passe pas aux dilogue
avons d ouvrir le feu

d ....je ne peux pas

@ je ne peux pas attendre la lumiére
pour voir tes yeux verts
parce que je ne voix que toi déjà
ça c est la voix de ton amour

@ je ne peux pas m échapper de ton domaine
car il est plus large que l océon
et claire comme la lune
c est ça la force de ton sentiment

@ je ne peux pas vivre sans toi
sans ton nom célèbre
il nage avec les étoiles
c est ça la gloire de ta beauté
@ e ne peux lire que tes mots
et que tes poèmes pleins de braises
c est ça la professeur d amour
@ je ne peux marcher avec un ami
car tu existais dans mon cœur
et dans mes rêves
et dans mon royaume
c est ça la chance dans mes causes
@ je ne peux pas dormir
avons de te dire aux revoir
avons de savoir ton toit
car tes rêves sont mon lit
c est ça la nuit de l amour
@ je ne pas partir
loin dans les bois
et te laisser seule avec toi même
car la solitude te faire peur
c est ça la fidélité des cœurs
à je ne peux pas voir
sauf avec tes yeux
pour te faire voir les prairies
c est ça mon souhait il y a dix ans
@ je ne veux pas grandir
je veux rester un enfant
pour te rejoindre chaque jour
sans taper et sans frapper
à ta porte bleue
c est ça mon but paresseux

E .....laisses pour moi

F ..ENTRE NOUS

@ entre moi et le mur
un temps très court
c est le temps juste de te dire

que ton regard est très lourd
@ je me sens très malheureux
parce que je t ai fais ce regard
tu as laisser passer le temps
qui indique tes parties
@ personnellement ce jour
la lutte vienne d être née
entre tes doigts elle grandie
et apprend la leçon du défit
@ avec la confiance on commence
un pas qui mène vers le miracle
un miracle qui refuse ton départ
et refuse les doutes
en face du futur courageux
et face au destin sage
tu es là forte et jeune
en cachant les bruits
@normalement c est fini
c est fini avec la peur
c est fini avec l absence
l occasion de notre cas est là
juste après la seconde prochaine
@ après toutes mes paroles
il y a te observations
c est toujours utiles
afin de me coriger
@ après mes dernière phrases
il y a ton accent dernier
c est très important
afin d avoir l équilibre
@ après toutes mes pages
il y a ton images
il est très brillant
afin de me présenter
devon les hirondelles
@ après touts mes chapitres
il vient ton synonyme
il est très clair
afin de ma saluer
@ après toutes mes épisodes
il y a ton cas
il est très fort
afin de me racheter

G .... à mon avis

@ c est toujours facile d écrire
et de faire une ou deux pages
mais c est très difficile de découvrir

ton vrais image entre les nuages
@ c est un don plus sure
tes marches sur l eau
et tes talons dans l air pur
sont comme le conseil du matelot
@ personne ne peut connaitre
mon sourire après la fête
sauf ton souhait qui vient de naître
c est une vérité pas une devinette
@ qui peut me comprendre
si je commence à pleurer
et si commence à crier
et si je commence à faire mes valise
@ la cinquième dimontion
à mon avis est ton teint
et c est ton idée avec solution
qui vient de ton instinct
@ dès la semaine prochaine
nous vivrons ensemble à jamais
nous nous débarrasserons de la haine
et nous laisserons nos jour allumés
@ je ne peux pas démasquer
ce jour mon cas trouble
car je me trouve seul sur le quaie
et les autre forment des couples
@ hier je n oublierai jamais hier
j ai vue ta mains qui me souriait
j ai ressentie toutes les lumiéres
et là mon âme pleurait et riait
@ dans ce monde il y a combien
de foule et de groupes
et de nombres des gens qui tombent bien
et non pas besoin d une loupe
@ c est la vie qui te demande
de prendre soins de tes touches
et de ton imagination profonde
en chuchotant des jolis chichetements
@ aux contraire c est ton temps
que je veux volontairement
il est comme le printemps
entre les saisons surement
@ toi et moi nous devons
comprendre chaque surprise
elle est venue grâce aux vent
et à la branche des cerise .

H ...écoutes

@ je ne sais pas comment commencer
mais il faut ma chère le faire

il faut te dire un mot sensé
venant de mon premier mystére
@ écoutes je vais ajouter
un titre à mon royome
là il n y a rien à jetter
car elle est rusée ta paume
@ dés fois il m arrivais
d aller à des coins sombres
pour m essayer si je pouvais
ma chère t offrir londre
@ écoutes moi pour deux heures
une le matin et l autre le soir
car moi j ai toujours peur
si je ne peux encore te voir
@ sur ta table du jardin
vient près de genoux une abeille
accompagné d un papillon..et soudain
ils murmurent dans ton oreille
@ pour moi c est dure d expliquer
à tout le monde nos situations
ils nous poussent pour risquer
nos carrières et nos solutions
@ il y ma chère très longtemps
que j ai sais que t avais des poèmes
sur la vie le sens et le cas content
et sur les souvenirs ainsi que les problemes
@ entre tes doutes se trouve la vie
changent les problèmes à l inverse
une situation que j ai envie
de l avoir avec le vœux qui pense
@ je vais aller à la foret
pour te ramasser des bois
des fois ma chère adorrée
tu as mal entendu toutes mes voies
@ tu n as pas beaucoup de peine
dans ta vie il y a que la joie
surtout ces dernières semaines
je t ai vue rire chaque fois
@ ne me laisses pas partir
car je n ai que ton sourire
c est toi que j aime il faut le dire
et tu sais bien que je ne sais pas mentir.

I les appelles 16.....11....2006

@ le mardi j ai entendu des cries
et des voix et des appelles
c étais toi quand tu ries

en me laissant sans réponse
dès ce moment tu me manque
et surement me tuera ton absence
......17...11....2006

@ente nous ma chère entre nous
il se trouve deux ruisseaux
le premier sa profond aire jusque jenoux
et l autre juste pour faire un seaux
@ toi et ta mère avec ton père
faisons   un groupe chaleureux
qui porte le sommet de l unvers
et dictés plus claires et heureux
@ ton courage qui te mène
vers la joie et sertitude
me fait penser loin de la peine
aux vent doux qui vienne du sud
@ tes lèvres et tes paroles
forment la magie splendide
et rendent la vie folle
d amour à la volume des pyramides
@ mon cœur est inquiet
si tu pleureras sans lui dire
sans lui passer le bout de papier
en lui indiquant ton chemin pire
@ il n est jamais trop tard
pour qu on s aime de nouveaux
car ton absence et ton départ
eux resterons un acte faux

...........18.011.2006

K   ..ma chère

@ touts les cas ont des ouvertures
sois aujourd'hui ou bien demain
ou se montrera notre futur
surtout grâce à tes polies mains
@ nous sommes là tous
contre les evennements
ensemble face au danger
puisque l amour est toujours suspect
@ nous resterons sages et patients
jusque à ce que les nuages passent
nous nous aimons avec les fleurs
qui poussent dans toutes les surfaces
@ ton visage n a pas de ride
et n a pas du tout le signe de la vieillesse
il frappe mon cœur vœux solide

et lui rappelle de ta noble jeunesse
@ sois tranquille tu peux dormir
je suis là pour t accompagner
avec ton cœur et et son sourire
je suis sure que j ai gagné
@ pour te faire plaisir
je vais t écrire des vairs
des poèmes avons de mourir
avons de quitter ton univers
.........18...11.....206
@ ma chère à ton secourt
notre chance est surement née
on sauvons notre derniers jours
et nos vies qui étaient condamnées
@ pour accepter tes conditions
je vais gardé mon calme
dans la quatre ongles de la nations
je courrai après ton charme
@ nos cœurs enfin tirent
vers la lune innocente
et respirent et vrais applaudirent
et galopent aussi et chantent

@ quand on va surement finir

avec l oublie et le désordre

on donnons le feu vert pour venir

l amitié qui peut nous comprendre

......19...011...2006

@ enfin ma chère j ai saisis

que tes yeux verts sont bien

j ai bien patienté et bien choisi

le temps précieux qui leurs convient

@ entre les verbes qui pensent

tu fais repasser ton regard

pour admirer toutes surface

on laissant rien aux hazard

@ chaque fois j essaye de mesurer

ton ombre part à port à la cloche

mais je me trouvais sauvons saturé

et je le salué avec ma vie gauche

@ écoutes j ai froid ce soir

ce soir qui m appelle mon frère

là il y a l occasion de boire

tes larmes et le sang des fleurs

@ ma chère ramasses ramasses

tes jeux et tes porte-plumes

car dorénavant quoi que tu fasse

je t aime même si un jour je serrai ta victime

@ tes longs cheveux qui nagent

dans l air et la mer de l océan

me laissent t admirer sur la plage

et prendre une image de ton papillon

@ dans la page numéro vingt six

j ai glissé pour toi un message

et j aurai de toi un joli fils

il nous rappareillera du notre mariage

@ j ai toujours peur des avontures

car j ai pas de sens avec eux

mais quand j ai vue tes coutumes

mon instinct fus très heureux

L ....mon souhait 21............11...........2006

@ j ai toujours envie de te voir
entre le plumes de hirondelle

comme ça tu serras en noir
couleur de sagesse à l éternel
@ tes vœux ont des puissance
captables d effacer les malheurs
et surtout dans le silence
effacent même les grand erreurs
@ l occasion est arrivée
de visiter notre chemin
notre priorité privé
qui se prépare pour demain
...........22....11.........2006
@ j ai voulu une audience
avec les oiseaux des pyramides
eux surtout quand ils dansent
me montrent ton cachettes d une façon rapide
@
notre précieuse rencontre
n était pas ma chère une accident
aux contraire le destin peut nous répondre
lui il possède les meilleurs dons
@Kim ça fait déjà des heures
que j ai écrit pour toi des lignes
afin de te passer mon message
entre eux il y a des signes
pour tes penser aux mariage
@ maintenant ma chère selon
les nuages qui sont charitables
il faut que les verbes soient plus longs
donc je ne serrai jamais un coupable
@ écoutes à partir de ton premier recueille
dans le rayons de l art
et de tes premières feuilles
j ai sut que tu réussiras tôt aux tard
@ ton visage dans l eau du lac
est la joie et son synonyme
c était toujours ma remarque
ou je cherchais pour toi des rhumes
@ mon cœur dorénavant
n oubliera jamais ton nom
surtout les jours suivants
je m attacherai à ton siège surprenons
@ ma vie sans tes mains polies
n est que le malheur total
et les rêves qui dorment dans mon lit
te souhaitent le bonheur occidental
@ il y a des mois que je préférai
toi dans mon cercle
car je t ai louvons admirée
d un regard qui passera le siècle .
@ serrons nous les héros

de cette nouvelle histoire
puisque la vie est une série des numéro
là qui peut toucher la victoire
@ ma chère es que nous sommes
des acteurs de cette pièce de théâtre
qui brille tout comme
la magie du grand prêtre
....23.11..2006
@ maintenant je ne fais confiance
tu peux Etre sure à personne
mais avec toi c est la différence
je te respecte surtout l automne
@ quand tu me parlais
je sens qu il n y a pas de problemes
là toute mes fautes sont anulées
puisque je sais que tu m aimes
@ pour comprendre les phénomènes
de nos jours il faut courire
parce que les thèmes de la haine
sont capables de nous rendre souffrir
@ je ne peux pas te cacher
mes sentiments vers tes journées
une occasions que j ai chercher
il y a longtemps pour te dominer.
21.........11......2006

M ...j ai envie

@ certainement le temps passe
et surement l eau coule
donc quoi que tu fasse
c est toi que j aime dans la foule
@ cette fois je te déclare
un résumé sur notre futur
et il n est jamais trop tard
de tracer un chemin qui serra sure
@ ce soir ça fais quatre ans
qu on a commencé notre contacte
et nous souhaitons d avoir des tallons
pour obtenir une réussite exacte
@ c est impossible de tenir
une chose pendant toute une journée
mais je suis près de venir
chaque jour à ta place pour toute l année
@ je suis là devons tes paroles
ma chère si ton cœur me regarde
rester comme un statut est le rôle
qui me convient afin qu il te garde

@ je crains qu il nous quitte
ton calme qui est comme le ciel
je me suis habitué à ses visites
ta rencontre est toujours l essentielle.
...........25.........11..2006
@il fus toujours surprenant
ton nom plein de pyramides
éclatant et aussi étonnant
donc il faut que je me déclare
@ ton grand voyage
de la solitude vers la compagnie
je veux que tu le partage
avec moi sous forme d un nid
@ ma chère tu me manquais
tellement que je ne pas imaginer
une déclaration qui démasquait
nos virgules dans chaque diner
.........27......11...2006
@ pour faire ces jours sentir
mes observations vers te palmes
me voilà et sans mentir
entrain d admirer ton charme
@ ma chère juste tout prêt
de ton jardin magnifique
j étais moi pour toi pré
de te dicter mon lexique
@ après des années de patience
il est venu le temps de te dire
que moi depuis ton enfance
je souhaite prés de toi mourir
@ lorsque tu veux profiter
de mon image majuscule
c est une chance alors pour quoi hesiter
j ai peur que tu recules
@ tu es la fidèle fille
qui protège le siege
de l aventure et le déphie
qui peut éviter les pièges.

N ....quand

@ quand tu vas m écrire
une page inoubliable
car ton cœur sait sourire
avec le mien il est sensible
@ ou sont tes remerciement
ces quelques mois derniers
moi je ne t ai pas oublier un moment
c est une remarque que je te signais

@ là ou on fais des parcours
on trouve des oppositions
mais dans notre pure amour
même si on visite touts les nations
@ ma chère tu es la meilleure
dans toute les épisodes
on convainquant les rumeurs
seulement avec ton code
@ dans ce maudit monde
il n y pas mieux que ton pousse
c est ma joie la plus grande
qui estime l art de brousse
...26...1..2007

@ ma chère je t ai supplié
chaque fois et chaque occasion
pour qu il soit nos mains liées
à travers les vues et les dessisions

....26.........1.2007

O dans l existance

@ mes souvenirs pliées
ne viennent pas du hasard
aux contraire le moment oublié
qui veut voir ton départ
@ ma chère dans l existance
le verbe qui m arrange
c est aimer sans vacance
@ j ai glisser un stylo
dans ma poche
et j ai regardé dans l eau
puisque il y a quelque chose qui cloche
@ dans toute l histoire humaine
les poètes n ont pas de chance
il étaient triste victime de la haine
et touchés même dans le sens
@ écoutes toute mes réponse
il y a des mots à oublier
afin que notre souhait immense
peut un jour se multiplier
@ surement vers la ponte
de ton royaume classic
ton bison bleu chante
d une façon magnifique
@ ma chère ton coup d œil
efface les temps dures
et su veille notre futur
et exprime notre merveille

@ dans nos courageux poèmes
*se repose des phrases penibles
mais l essentiel nommé dans la bible

....26....1..2007

Q ....remarque du vent

@ tu es comme le vent
qui me caresse sans bruit
et comme le vœux suivons
qui est né prés du puit
@ dans mes souhaits heureux
j ai aux milieu une demande
c est vivre un temps heureu
et ne pas te quitter une seconde
@ tu me dois deux bonnes choses
t offrir mon rêve vert
et des fleurs et des roses
et les dons de l univers
.......27...1.2007
@ pour moi depuis l enfance
la joie c est la liberté
et écrire en silence
les argument de la bonté
@ heureusement les douleurs
et la solitude sont faible
grâce à tes magnifique fleurs
et à tes mots qui sont simples.

.........27...01..2007

R......tranche de vie

@ entre la terre et la mer
il y a cette jolie plage
et entre les branches et les sueurs
il y a juste ton usage
@ entre la la peur et le courage
se trouve l inquiétude
et entre le divorce et le mariage
il y ale moment stipyde
@ entre le ciel et le sol
les jolis oiseaux volent
et entre l oc éon et le pole
se glisse les vœux les plus drôles.
@ entre la foie et le cœur
se planque tes mots
et entre la foret et le dessert

se précipite ton chameaux
@ entre la vieillesse et l enfance
se développe la jeunesse
et entre le vacarme et le silence
s écarte toute seule la tristesse
@ entre l automne et l été
se place l hivers
et entre ton charme et ta beauté
se retrouve mon bonheur
@ entre le jardin et la porte
un morceau de la verdure
et entre la vue et les notes
s éloigne le cas dure
....28..01..2007
@ entre la mort et la vie
il existe les souvenirs
et entre les Possession et les envies
se montrent le sourires
@ entre l homme et la femme
il y a cette bague
et entre le vacarme et le calme
il y a les chuchotements de la vague
@ entre la sagesse et la folie
il y a les maladies
et entre le sommeil et le lit
il y a l après midi
@ entre la richesse et la pauvreté
il y a juste la chance
et entre la lumière et l obscurité
il y a le vœu et sa naissance

@ entre toi et moi
il y a l amour
et entre les années et les mois
es successive les jours
@ entre le fruits et les fleurs
il y a les grains
et entre la joie et les bonheurs
il y a le chagrin
@ entre le trans et la récolte
il y a des branches
et entre mes yeux et ta beauté fotre
il y a ta robe blanche
@ entre le chair et le sang
sure il y a le teint
et entre le tableau et la leçon
il y a le report du instinct

@ entre l univers et le cosmos
il y a la planète terre
et entre les empreintes et l os
il y a tes poèmes et tes verre
@ entre l essaye et et la réussite
il y a surement l audace
et entre l oublies et les visites
il y a le refus des surfaces
@ entre le vent et la tempette
il y a cette jolie pluit
et entre les proverbes et le devinettes
il y a les pensées et ces enuits
.....29...1....207
@ entre le garçon et la fille
il y a ses sentiments
et entre le désespoir et le défie
il y a le témoignage du monument
@ entre le jour et la nuit
il se trouve les étoiles
et entre les fêtes et les puits
il y a le visage et son voile
@ entre le nom et le prénom
il y a ton physique
et entre le pays et le cotinent
il y a le grand pacifique
@ entre le ruisseau et le fleve
il y a quelque mettre de largeur
et entre la guerre et treuve
il y a cette grande érreure
@ entre l oreille et l œil
il y a le sens
et entre la faute et le conseil
il y a toujours une balance
@ entre les lignes et les feuilles
il y a les chapitre
et entre les pages et les conseils
il y a toujours les titres..

..18...2..2007

R ....es que j ai le droit

@ es que j ai le droit
de souhaiter
un jour chanceux
et un rendez vous honteux
avec tes vergules
tracées sur le futur
....
@ es que j ai le droit

d écrire des ettres
et des phrases
et des idées
sur ton esprit
qui domine l art
et qui marque ta paume

..

@ es que j ai le droit
de changer ta destination
vers mon lycée
et vers ma classe bleu
et vers mon arbre de cerise
et vers mon toit rouge
et vers mon bras droit
et vers ma plume.

..

@ es que j ai le droit
de prendre
une de tes photos
pour ne pas t oublier
et pour sentir ta présence
et pour aimer ton amour

.....

@ es que j ai le droit
de menacer la peur
pour que tu sois tranquille
pour posséder
ta tranquilité
et pour que tu puisses rire

...

@ es que j ai le droit
d éviter mes pat pleurants
sur une classe gachée
et sur un cas timide
et si pareceux

...

@ es que j ai le droit
de visiter
ton cœur
dans laube
et quand il se planque
sur le dernier rocher
de la planète
ton sourire
et qui mène vers
la même vérité

..

@ es que j ai le droit
de t attendre
sur le miroire

pour te montrer
le jour de la fierté
et la fidelité
..
@ es que j ai le droit
de marcher derrière toi
et derrière tes ailes
et derrière ton ombre
et derrière ton dos
et derrière tes mots
car j ai toujours de toi honte
..
@ es que j ai le droit
d écrire quelques verres
de poésie
pour attirer les tiens
et pour t expliquer mes phrases
et mes paragraphes .
.
@ es que j ai le droit
de vivre
près du fleuve
pour te voir
quand tu te lave
et quand ton sourire
se montre
et se penche
vers le fond
....
@ es que j ai le droit
e courir et courir
pour attraper
ton ombre
qui est si rapide
et si glissant
dix moi ma chère
si un jour j ai le droit
de prendre ton apparition
en considération .
...
es que j ai le droit
de faire la différence
entre toi et ta voisine
qui ne peut pas être admirer
comme toi
car c est simple
toi tu donnes aux autre
sans prendre
et souhaitais sans pleurer
et qui domines sans chasser

et qui écries sans ouvrir tes yeux
et qui plies la pages sans la déchirer

18...2........2007 T ...Écoutes moi

@ écoute moi
ce moment
avons u il soit trop tard
car le temps
passe vite et si vite
surtout la jeunesse
et le cas special
la beauté de tes joues
et des conseptes
et de tes geste existants
....
19.2.2007
@ je t ai cherchée
dans les bois
entre les feuilles
et sur les branches
et dans les lieux
des oiseaux
pour que tu me chuchotes
les leçons de la certitudes
et de la tranquilité
..
@ j ai essayé
de te trouvée
dans les lessages
et dans les pages
puisque tu es une idée
agréable et jolie
qui m exite
à jamais et à vie.

19.0222.2007

u .pardonnes moi

@ pardonnes moi
cette munite
et pour toujours
tu es la seule au monde
qui peut faire ça
grâce à tes mains
qui donnent àvie

les bonnes occasion
et grâce à te paumes
qui ne laissent pas
mes sentiments
et mes larmes tomber
par terre
....
@ et grâce à tes yeux
très claires
qui chassent le cauchemar
de mon lit
de mon matin
de ma porte
et de mon jardin
et de mes plumes
....
@ pardonnes l oubli
qui est venu de ma part
sans faire attention
et sans consontration
de mes doit
sur l herbe vert
et sur le sable
de la grande plage
du roi la mer .
.
@ pardonnes ce visage
plein de rides
plein de tristesse
et de peine
et des douleurs
et de la vie penible
.....
@ pardonnes ce bouquin
qui n a pas de dicté
ton nom avons
car le moment
n était pas encore arrivé

@ et pardonnes
la lumière
qui n était pas claire.pour
ton apparition
ce jour pou moi
....
@ pardonnes
la fatigue
qui m a empeché
de te rejoindre
pendant la serrimonies

de ton anniversaire
....
pardonnes ses maladies
qui ne me laissent pas penser
à toi des fois
..
pardonnes cette music
que écoute mon oreille
aux lieu de te écouter
quand tu parles avec les nuages
..
@ pardonnes la tempête
qui fait mouiller
ton foulard
qui présente
la voile du navire
de l espoir
vers la solidarité
....
@ pardonnes ma stipidité
dans mon longage
car tu es mon professeur
dans les engagements
les plus importantes
à jamais.

19.............2.2007

V .sous ton soulier

@ sous ton rouge soulier
qui à juste 38 unité de paix
et 36 grains de blé
des grains de proses verte
qui font de la sieste
attendent l occasion
pour pousser
pour gradir
pour être prêts
pour te saluer
le prochain printemps
qui possède surement
le grand volume de la joie
car tu le préfères
parmi le groupe de ses frères
accompagnée par trois quart 3_4
de la belle raison
claire et nette
puisque l exception confirme la règle

...
ils sussent tes paroles
qui allument la bougie
de la victoire de l humanité
et l histoire humaine
et qui peut apprndre
aux innocents la dicté
pour ne pas oublier
tes phrases et tes ries .
pour toujours
....
et pour que je puisse
de ma part
moi ce timide chevalier
te les offrir avec amour
comme cadeaux heureux
comme témoin de fidelité
et de confiance
pour que tu les garder
avec des objets précieuses
qui refusent les paroles menaçantes
d un jaloux et d un débile.
..
tu mérites le respect
qui vient de la lune
et qui est capable
de rétablir la situation
vers le parfait
accompagnée
de gouttelettes de sueur chaleureux
immortelle et sure
de sois même
des pays dominants.

19..2..2007

w   ma chère

@ cette nuit
qui était longue
par rapport aux autres
je t ai vue
sur une étoile
et les sept couleurs
autour de toi
tu étais si belle
qu on peut pas imaginer
..
@ là j ai souhaité
que cette nuit là

ne se terminera jamais
tes cheveux claires
s envolent dans l air
d une façon splendide
et agréable
..
après quelque instants
un groupe d hirondelles bleux
sont venue te voir
de près
c était tout court
tes complements
et tes talons
et tes qualités
avec fierté

19...........02.2007

X ...je veux dire _la fille unique

@ écoutes les choses vivantes
qui se ressemblent
qui forment des groupes
de toutes sorte de couleurs
et de manière
mais pas toi
tu es toujours unique et selle
dans ce grand cosmos
avec ta beauté insupportable.
avec ton charme irrésistible.
...
tout le monde
lui arrive parfois
de demander de l aide
du autre gens qui comprennent
ça situation
mais pas toi
car tu es si forte
avec ta volonté de fer
et incassable
et qui vaincre
le malheur
et les oublies
...
toutes les filles ce jour
changent leurs vêtement
chaque matin
et chaque soir
mais pas toi

tu es si belle et jolie
et aussi splendide
avec ta robe unique robe bleu
robe de l innocence
....
tout les gens
dans cette vie pénible
prennent certain temps
pour se reposer
mais pas toi
tues robuste toujours
et pour toujours
et capable de dépasser
touts les obstacle
qui veulent t empêcher
de réussir un jour chanceux
et de bâtir ton avenir
avec moi
et avec les oiseaux
et avec les proses
et avec les jolies poissons..

19..2..207

Y alors

@ sur tes vagues
et tes sept fleuves
flottent tranquillement
tes racines solides
de ta vie merveilleuse
elles ne connait plus
l inconnu total
grâce à tes qualités
couvertes de courage
alors là
ma main a met
dans tienne
un bouquet de mystères
tout à fais claire
et là j ai reculé
un peut vers l arrière
afin que tu me donnes
une chance avec un délai
car tu brilles
comme une braise
j avais peur pour toi
parce que je t ai laissée seule
mes yeux toujours veuillent
sur toi ma chère.

25.......02...2007

Z ..FAISABLE

sur toutes les étapes
dans l art et la poésies
rien ne t échappée
donc moi je t ai choisie
...
ta présence amusante
est comme l art
qui développe l instinct qui tante
notre message plus tard
.
@ amuses toi bien d ici
jus qu à la fin de ce monde
car aux bord de ta vie il y a aussi
mes souhait qui te suivent chaque seconde
..
dans tout ce univers
j aime le calme là il y a tes cachées dorés
parmi eux des poèmes et des verre
avec la couleur de la grande foret .
@ Elisabeth ..Carole et ma chère Kim
ce qui est nécessaire c est la fidelité
car le départ sans adieux est un crime
en semons les douleurs et leurs dicté.
....
le matin ou tu marchais
seule je t ai examinée
par mon âme et je cherchais
dans les trésors donc amour est né
..
tes yeux claire le faient
penser à la joie totale
venons du futur vers l imparfais
et foncent du désert vers Montréal.
...
t es mon premier
chapitre de cette période
et de mon premier arme en acier
pour te protéger des menaces avec des methodes
...
je te passe mon message court
important marqué avec du sang
afin de finir notre parcourt
grâce à ton souhait innocent
....
pour la joie j ai dépassé

toute sorte de frotement
avec les numéros du passé
je réchauffe tes éventement.
c était ma chère ton recueuil
qui comporte mes rêves dedans
entre nous j ai jeté un coup d oeil
sans ta permit ion alors pardons
..
@ à partir de ton age
qui est aux milieux de la dignité
je t envoie ces quelques pages
sur toi et sur la liberté
06..04..2007

..25...02..2007

..A...Z....   ...entre nous

entre la lumière
et l obscurité
il y a un fil
très fin
ou j ai senti
ta paume
portait une pomme
ramené
du paye du golf
alors là
j ai ressentie
une joie d un fontaume
puisque tu me la offerts
volenterement
et avec respect
et avec un mot
qui traverse locéan
plus vite
que les rayons du soleil
....
je t ai observée
avec un œil d aigle
et avec sons s un oiseau
et avec un crie d une hirondelle
*et avec un appelle d un écureuil
et avec un sourire d un orphelin
là je t ai trouvée comme un ange .
..
26..02..2007

A...B   j ai courrais

@ j ai courrais
après tes vergules
il y a longtemps
mais ce n ai pas grave
car quand j ai vue
tes ficelles
j ai oublié le sueur
et je me suis encouragé
par tes epreintes
et par ta classe
qui contient
les souvenirs
de la magie cruel
et ta cité rurale
et ta capacité d aimer
et ta force d estimer
et ton énergie de souhaiter
et ton ombre d exister
et ton plan de se couriger
et ta raison de se mefier
et ta présentation pour être cueuillir
et ta longue pour t exprimer
....
il y a aussi
la lumière pour te voir
et le don pour te filiciter
et les gardes du corps pour te protéger
et les outils pour te servir
et la folie pour t admirer
et l océan pour te pleurer
et le soleil pour ton bain.
...
il y a le temps pour te grandir
et les branches pour te bondir
et les champs pour te galoper
et le no-eux
pour te montrer
et le regard pour t applaudir.
et la lettre pour te guetter

A...B que pourrais je faire

que pourrais je faire
moi avec mon souhait
si tu préfères
vivre seule
juste
avec ton ombre

et avec ta chambre
avec tes mains
et un heureux frein
aux milieux
de tes lèvres
prés d une bibliothèque
pleine de bouquins
et des essayés
et des histoires d amour
depuis le premier homme
sur la planète terre.
...
que pourrais je faire
ma chère à jamais
si tu reffuses
de me répondre
jusque la fin
de toute mes demandes
qui sont nombreuse
en voulant rester isolée
avec le mot désolé
sans message
et sans lignes
et sans enveloppes
et sans adresse
et sans interphone
et sans téléphone
et sans email
et sans face Book
et sans l acueuil
d un type
qui t aime tellement
et qui t estime
il y a longtemps
et on refusent
le dialogue de ta part
avec la voie
des sentiments
d un grand
fidèle pareceux
....
que pourrais je faire
si tu fermes
ta porte
et tu décides
de ne pas lui accorder
une seconde chance
sans lui dire pour quoi
sans me donner le temps
le temps suffisant

pour m exprimer
à propos de mes vœux
vers toi
....
que pourrais je faire
si tu empêches mon écureuil
de venir visiter
ton jardin
et lui donner
à manger
et lui caresser
comme avant

06.04..2007

A..d .. il y a pour toi

il y a des idées
pour te dormir
et la nature
pour tes pensées
et les places
pour ta présence
et la haine
pour t échapper
et la s.o.s
pour ta politesse
et les mondions
pour ta générosité
..
il y a pour toi
le Kosovo
pour ton aide
et l aveugle
pour ton absence
et la caille
pour ton ancre
et le buletin
pour ta réussite
et la poèsie
pour ton amour
et la prière
pour ton âme
et ce monde
pour tes pas
..
et il y a aussi pour toi

le numéro
pour ton classement
et les doutes *
pour tes explications
et il y a les visages
pour ton choix
et les roses
pour ta raison
et la conduite
pour ta loi
et le destin
pour tes surprises
et la joie pour
ton sourire
...
et il y a le cosmos
pour tes cries
et il y a le calme
pour tes feuilles
et il y a les jours
pour te voir
et y a le matin
pour ton soir
et il y a le champs
pour tes jouets
et il y a le sueur
pour tes éfforts
....
et il y a la main
pour ta paume
et il y a le coup
pour tes opinions
et il y a le tout
pour ton tout.
..
il y a le toit
pour ton joli pigeon
et il y a le sabre
pour t défonse
et la verdure
pour tes yeux
et le ruines
pour ta imagination
et la voile
pour ton navire
et les ruisseaux
pour tes larmes
et il y a les tempettes
pour tes histoires.

...

27..20..2007

.
A E ..quais que je vais devenir
.
quais que je sortirai
a la chasse
aux gibier
et aux mots
et à ma rentée
je ne trouve pas
dans ton siège
comme avant
et pourtant moi
j ai souhaitais
qu il aura
londre
pour te comprendre
et l océan
pour tes rayons
et le silence
pour tes conséquences
et le temps
pour ton printemps
et qu il aura la raison
pour tes saisons
et le coup d oeil
pour tes merveuilles
et il aura les secondes
pour tes moments
....
et qu il aura les fleurs
pour tes couleurs
et le féminin
pour ton masculin
et le titre
pour ton chapitre
et il aura le récit
pour toi aussi
et les histoires
pour ta victoire
et les roses
pour tes causes
....
et qu il aura les lieux
pour tes adieux
et les voyages

pour tes images
et les forets
pour tes arrêt
et les promesses
pour ta jeunesse
et les rides
pour tes décides
et les plages
pour tes messages
et les coquillages
pour tes ouvrages
et les limites
pour tes visites
et les poupées
pour tes respect
et la verité
pour ta dignité
et la solitude
pour ta certitude
.....
et qu il aura
les cas
pour tes avocats
et les rires
pour ton sourires
et le salon
pour tes talons
et l age
pour ton visage
et l ecureuil
pour tes accureuils
et il y a toi
pour moi
et moi
pour toi..
...
..09..04..2003 A ...F
.
c est trop tard
.
c est trop tard
de dire
que nos chemins
sont parallèles
et ne se croiserons jamais
et nous n aurons pas
le même vocabulaire
et le même dessin .
....
c est trop tard

mon cœur à vie
la machine est loncée
moi je t aimée dèjà
là je il n y a pas
le moindre doute
..
c est trop tard
d effacer tes images
splendides et nombreuses
qui sont gravées
dans ma mémoire
et d éloigner ton chapeau
loin de mon âme
et plier tes images
attentivement
dans mon agenda
....
ce n est pas possible
pour moi
d oublier tes mots
et tes chuchotements
pendons notre rendez vous
sous le pont
d un paye livre
prés du château d eau potable
....
c est trop tard
de ne pas écrire
ton nom
dorrenavont
*car il existait
presque dans tout mes rêves
et dans touts mes phrases sensibles.
......
A F A   PARTIR   03..04..207

.à partir de ce moment
je ne veux rien du tout
juste te voir
chaque matin
et chaque soir
et vivre près de toi
et mesurer tes pat
vers l horizon
et pour identifier
tes virgules
pendons les tempêtes
et connaitre
tes choix
dans les cérémonies

et te ramasser
des sourires
pour ton nid
et pour regarder
tes cries
pour chasser les adieux
..
et se prépare
pour se réunir
avec nos bras
et nous avant-bras
à jamais
un matin chanceux
là j espère toujours
que ça marche bien.
..
07..3002007
A F ..JE T AI VUE
.
je t ai vue toujours
jeune
et active
pleine d action
et pleine d amour
au milieu des prairies
comme une fleurs
au milieu de la nuit
elle devient de la chance
comme un souhait et un vœux
et comme un doigt
dans la mains d un sage
et comme une idée
dans la mémoire d un génie
et comme un papillon
sur le joli toit de ta maison
et comme un miroir
dans la chambre de la reine
....
et comme une image
dans le théâtre de l histoire
et comme une braise
dans le feu de l alphabet
et comme un chapitre
dans le livre de la vie
et comme une page
dans l observation pure
et comme une plume
sur les ailes des poètes .
....
et comme un no eux

dans les vêtement
et comme une marches
dans le parcourt voulu
et comme un épée
dans la bataille de la liberté
et comme une épisode
dans la série des surprises
et comme un monument
dans mon royaume
et comme une refrain
dans les phrases de paix
et comme une gazelle
dans la belle foret .
....
je t ai vue comme ça
comme un sourire
dans les temps oubliés
et comme un souhait
dans les pensés classées .

.........08..03.2007

A H   ..c est très dure.

c est très dur
et très terrible
de ce réveiller
un matin
et ne pas regagner
tes cheveux d or
prés de mes joues
comme d hbitude
et ne pas voir
tes yeux vets
tes yeux splendides
de nouveau
qui sont toujours fixés
dans mon âme
même quand il sont fermés
ou quand tu dors
comme un bébé innocent
avec un calme
d un ange agréable
et ne prendre
ta main polie
dans ma main
une autre fois
et sentir ton teint
qui ressemble à la couleur
de la mèr

et ses mystères
....
....
....
  je veux te dire seulement une chose
      je t aime.......je t aime ....je t aime.

Printed by Books on Demand GmbH, Norderstedt / Germany